# Veux-tu être mon ami?

## Molly Potter

ILLUSTRÉ PAR Sarah Jennings

Texte français d'Isabelle Fortin

■SCHOLASTIC

Pour Karen, qui excelle particulièrement dans l'art d'être une amie.

Catalogage avant publication de Bibliothèque et Archives Canada

Potter, Molly
[Will you be my friend? Français]
Veux-tu être mon ami? / Molly Potter ; illustrations de Sarah
Jennings ; texte français d'Isabelle Fortin.

Traduction de : Will you be my friend?
ISBN 978-1-4431-6004-9 (couverture souple)

1. Amitié--Ouvrages pour la jeunesse. I. Jennings, Sarah
(Illustratrice), illustrateur II. Titre. III. Titre: Will you be my friend?
Français

BF575.F66P68 2017            j158.2'5            C2017-900057-8

Édition publiée par les Éditions Scholastic, 604, rue King Ouest, Toronto (Ontario)  M5V 1E1,
avec la permission de Bloomsbury Publishling Plc.

5 4 3 2 1     Imprimé en Chine  CP156     17 18 19 20 21

# Veux-tu être mon ami?

Ce livre est consacré à l'amitié. Il t'aidera à comprendre quel genre d'ami tu es, comment agir si tu te disputes avec tes amis, mais surtout, ce qui rend les amis si précieux.

Il n'y a pas deux amis pareils. Et c'est tant mieux! Tu as peut-être un ami qui est toujours là pour t'écouter quand tu es contrarié, un autre qui aime les mêmes activités que toi et un autre avec qui tu aimes discuter. Ce sont les qualités de chacun d'entre eux qui les rendent uniques.

Les amis nous aident à en apprendre sur nous-mêmes, à être aimables avec les autres et sont là pour nous écouter quand les choses tournent mal. Nous nous sentons tous plus heureux lorsque nous sommes entourés de bons amis. Quoi de mieux que de passer du temps avec ces personnes extraordinaires?

# Table des matières

**Montrer à un ami
que tu l'aimes**

Va à la page 18.

**Ce que tes amis
pensent de toi**

Va à la page 20.

**L'ami idéal**

Va à la page 22.

**De belles choses
à dire**

Va à la page 24.

**Aider un ami
bouleversé**

Va à la page 26.

**Demander pardon
à un ami**

Va à la page 28.

# Qu'est-ce qu'un ami?

## Un ami, c'est quelqu'un...

Avec qui tu aimes passer du temps.

Avec qui tu sens que tu peux parler de tout et de rien.

À qui tu fais confiance pour garder tes secrets.

Avec qui tu peux être toi-même.

Qui t'aime comme tu es.

Qui te rend souvent heureux.

Qui prend plaisir à discuter avec toi.

Qui te donne un coup de main quand tu en as besoin.

Un bon ami, c'est quelqu'un avec qui tu te sens toi-même, que tu as hâte de voir et avec qui tu aimes passer du temps.

# Se faire des amis

## Voici ce qui pourrait t'aider à te faire des amis...

Sourire et montrer que tu es heureux de voir quelqu'un.

Regarder la personne et établir un contact visuel avec elle.

Laisse-moi te montrer le monstre géant que j'ai fabriqué avec du carton.

J'aime ta robe.

Trouver quelque chose que vous aimez tous les deux et en discuter.

Lui dire quelque chose de gentil.

**Tenter de mettre la personne à l'aise.**

Moi aussi, j'avais un peu peur de venir ici.

**Poser des questions pour montrer ton intérêt.**

Préfères-tu les chats ou les chiens?

**T'approcher de la personne, puis rester près d'elle.**

Il ne va pas me mordre!

**Ne PAS se faire une opinion de quelqu'un avant de bien le connaître.**

Elle me fait peur.

En fait, elle est très gentille.

Quand on rencontre de nouvelles personnes, on éprouve parfois de la nervosité. Mais ce sentiment disparaît généralement dès qu'on commence à leur parler. Rappelle-toi que les autres sont sûrement nerveux aussi.

# Activités entre amis

## Tes amis et toi, vous pouvez...

Jouer ensemble.

Discuter de plein de sujets.

Effectuer des tâches qui
se font mieux à deux.

Fabriquer des choses à deux.

Vous préparer des surprises.

Vous faire rire.

Vous enseigner l'un l'autre
toutes sortes de choses.

Simplement être ensemble!

Certaines choses sont plus agréables
à faire avec un ami que seul.

11

# Quand un ami te rend triste

## Quand un ami t'a contrarié, tu peux...

Te demander ce qui te dérange
et le lui expliquer.

T'assurer qu'il t'écoute et
veiller à faire de même.

Lui décrire comment tu te sens
à propos de ce qui s'est passé.

L'aider à comprendre que tu
aimerais te sentir mieux.

Lui exprimer clairement ce qui aiderait à régler le problème, selon toi.

Tu pourrais m'en prêter un.

Te rappeler que tout le monde commet des erreurs.

Je ne voulais pas être méchant, j'étais juste un peu grognon.

Lui pardonner s'il te présente des excuses.

Faire une activité amusante avec lui une fois que vous vous êtes réconciliés.

Qu'ils le veuillent ou non, nos amis nous font parfois de la peine. Quand ça arrive, il est important de tenter d'arranger les choses.

13

# Un bon ami, c'est quoi?

## Être un bon ami signifie...

Pardonner aux autres quand ils font des erreurs.

Être là pour eux quand ils sont tristes.

Les défendre quand quelqu'un est méchant avec eux.

Prendre le temps de les écouter.

Leur poser des questions
pour montrer notre intérêt.

Les aider à régler leurs problèmes.

Leur dire de belles choses.

Leur montrer qu'on aime
passer du temps avec eux.

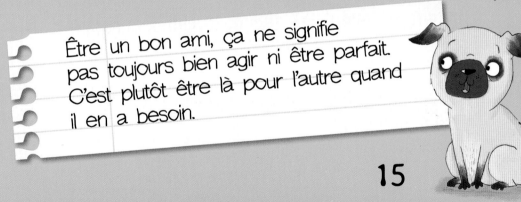

Être un bon ami, ça ne signifie
pas toujours bien agir ni être parfait.
C'est plutôt être là pour l'autre quand
il en a besoin.

# Un moins bon ami, c'est quoi?

## Voici quelques comportements à éviter...

Se plaindre d'un ami
à une autre personne.

Va nous chercher à boire!

Ramasse ces choses!

Être très autoritaire et dire
à ses amis quoi faire.

Se moquer de l'apparence de
ses amis ou de ce qu'ils disent.

J'aimerais vraiment...

Je vais aller me balancer.

Les interrompre
quand ils parlent.

# Montrer à un ami que **tu l'aimes**

## Pour montrer à un ami qu'il est important pour toi, tu peux...

L'accueillir en lui souriant pour lui faire savoir que tu es heureux de le voir.

Passer du temps avec lui.

Prêter attention à ce qu'il a de nouveau.

Te préoccuper de la façon dont il se sent.

Lui confectionner une carte
pour son anniversaire.

Lui dire des choses gentilles.

Lui écrire un mot pour lui expliquer à
quel point tu es content d'être son ami.

Lui préparer une surprise.

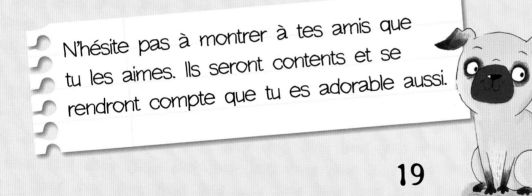

N'hésite pas à montrer à tes amis que
tu les aimes. Ils seront contents et se
rendront compte que tu es adorable aussi.

# Ce que tes amis pensent de toi

## Penses-tu que tes amis diraient que...

Tu aimes partager?

Tu es généreux?

Je peux te prêter ma tuque.

Tu sais faire des compliments?

C'est incroyable!

Tu arrives à leur remonter le moral et à les faire rire?

**Tu sais écouter?**

**Tu es agréable et joyeux?**

**Tu arrives à pardonner les erreurs?**

**Tu dis toujours la vérité?**

C'est vrai... je t'ai copié.

Quand un ami nous dit ce qu'il pense de nous, on est parfois surpris, mais c'est une occasion d'en apprendre plus sur nous-mêmes.

21

# L'ami idéal

## Ton ami idéal serait-il plutôt du type...

Ordonné ou brouillon?

Bruyant et énergique ou calme et silencieux?

Qui préfère écouter ou parler?

Qui aime les mêmes choses que toi ou qui a d'autres intérêts?

J'aime me demander de quoi la lune est faite.

Original ou terre à terre?

Je ne pense pas que ce soit une bonne idée.

Rigolo ou sérieux – ou les deux?

Qui excelle dans les sports, les arts, les sciences, les maths ou l'écriture – ou toutes ces réponses?

Qui a beaucoup d'amis ou seulement toi?

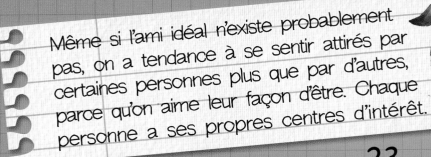

Même si l'ami idéal n'existe probablement pas, on a tendance à se sentir attirés par certaines personnes plus que par d'autres, parce qu'on aime leur façon d'être. Chaque personne a ses propres centres d'intérêt.

23

# De belles choses à dire

## Tu pourrais dire à un ami...

Que tu aimes passer du temps avec lui.

Que tu as hâte de le revoir.

Qu'il te rend souvent heureux.

Que tu as envie de jouer avec lui.

Qu'il est très gentil.

Que tu le trouves intéressant.

Que tu lui es reconnaissant de t'écouter.

Qu'il est un très bon ami.

Presque tout le monde aime que l'on dise du bien de lui. Tu as plus de chances de recevoir des compliments si tu en fais aux autres que si tu n'en fais pas.

# Aider un ami bouleversé

## Quand un ami est ébranlé, tu peux...

Commencer par te demander s'il veut de ton aide.

Tenter de savoir ce qui s'est passé.

Écouter attentivement ce qu'il te raconte.

Toujours prendre ce qu'il te dit au sérieux, même si ça te paraît bête.

Lui faire un câlin s'il en a envie.

Lui demander ce qui lui remonterait le moral.

*Oups!*

*Je crois que nous devrions tous jouer ensemble.*

L'aider si tu le peux.

Trouver un adulte qui pourra l'aider si tu ne penses pas en être capable.

Quand une personne est bouleversée, il faut la prendre au sérieux et tenter de l'aider à se sentir mieux.

27

# Demander **pardon** à un ami

## Quand tu demandes pardon à un ami, tu dois...

Exprimer clairement pourquoi
tu es désolé.

Éviter de demander pardon
sur un ton contrarié.

Vraiment penser ce que tu dis!

Regarder la personne et lui
faire des excuses sérieuses.

**Vouloir arranger les choses.**

**Essayer de ne pas refaire ce qui t'a obligé à demander pardon.**

> On ne jouera plus près de ces buissons.

**T'assurer que l'autre sait que tu es vraiment désolé.**

**Demander pardon, même si ce qui s'est passé était un accident.**

> Désolé.

Si tu blesses ou contraries quelqu'un, que ce soit volontaire ou non, tu dois lui demander pardon. Cela montre que tu veux arranger les choses et que la personne compte pour toi. De plus, tes excuses peuvent l'aider à oublier plus rapidement ce qui s'est passé.

# L'amitié – petit guide à l'usage des parents

## Pourquoi les amis sont-ils importants?

Les humains sont des êtres sociables, et les amis jouent un rôle important en ce qui concerne la confiance, l'estime et le bien-être de votre enfant. C'est avec ses amis qu'il apprend des leçons de vie précieuses comme le partage, la négociation, l'empathie, le respect et l'écoute. L'amitié aide aussi l'enfant à se découvrir et à prendre conscience de son comportement avec les autres.

## Se faire des amis

Vous pouvez aider votre enfant à se faire des amis en lui enseignant des comportements amicaux comme sourire, être poli et poser des questions pour montrer son intérêt.

Les enfants extravertis ont souvent beaucoup d'amis. Les enfants plus discrets préfèrent avoir seulement quelques amis avec qui ils entretiennent une relation plus profonde. L'un n'est pas mieux que l'autre; c'est simplement une question de personnalité.

## Quand ça tourne mal

La plupart des enfants éprouvent à l'occasion des difficultés avec leurs amis. Mais ils arrivent en général à régler leurs problèmes eux-mêmes. Quand c'est le cas, il vaut mieux ne pas intervenir. Voici cependant quelques « conseils » qui pourraient aider votre enfant à nouer et à entretenir des relations saines.

### • Développer son empathie

Quand ça ne va pas, encouragez votre enfant à se mettre à la place de l'autre. Demandez-lui comment, à son avis, son ami se sent. S'il trouve cela trop difficile, dites-lui plutôt d'imaginer comment une troisième personne (un enseignant, une tante, etc.) décrirait la situation. Il peut aussi réfléchir à ce que ses amis penseraient de son comportement, particulièrement s'il a agi de façon déplaisante, par exemple en disant aux autres quoi faire, en refusant de partager ou en se vantant.

### • Chercher à régler le problème

Expliquez à votre enfant que les difficultés relationnelles peuvent généralement être surmontées grâce à la discussion. Encouragez-le à se demander ce qu'il pourrait faire pour permettre à chacun de se sentir mieux.

### • Parler en utilisant le mot « je »

Incitez votre enfant à exprimer ce qu'il ressent en parlant à la première personne du singulier :

Dire « J'ai ressenti de la colère quand tu as fait ça » et non pas « Tu m'as mis en colère ».

Cette formulation semblera moins accusatrice et plus difficile à contester, car on ne peut contredire les sentiments des autres.

### • Éviter de juger les autres seulement d'après leur dernière action

Quand ils sont fâchés contre quelqu'un, certains enfants ont tendance à conclure que la personne est tout simplement « méchante ». Malheureusement, cela risque de nuire à leur envie de régler le problème et de se réconcilier. Si votre enfant se brouille avec quelqu'un, rappelez-lui qu'ils étaient amis il y a peu de temps et que le conflit est sûrement temporaire. Suggérez-lui de se remémorer de bons moments passés avec la personne. Avec un peu de chance, cela lui donnera envie de faire l'effort de se réconcilier.

### • Pardonner

Lorsque votre enfant se

sent contrarié par l'attitude d'un ami, aidez-le à lâcher prise et à pardonner. S'il n'y arrive pas, sa relation avec l'autre enfant continuera de s'en ressentir.

## • Désamorcer la situation

Un jour ou l'autre, votre enfant devra faire face à des paroles méchantes. Apprenez-lui à répondre en « acquiesçant » à ce qu'on lui dit, ce qui diminuera grandement l'effet de l'insulte et réduira le risque qu'elle se reproduise. Par exemple :

Insulte : « Tu es vraiment mauvais au soccer. »

Réponse : « Oui, je sais. Espérons que je vais m'améliorer. »

## • Accueillir la diversité

Aidez votre enfant à comprendre que tout le monde est unique et aime des choses différentes, et que c'est positif. Même s'il est important d'avoir des points communs avec ses amis, il faut aussi respecter la différence.

## Quand votre enfant a besoin d'aide

Si votre enfant vous demande de l'aide concernant une difficulté avec un ami, commencez par simplement l'écouter et le prendre au sérieux. Même si le problème vous semble anodin, il est très réel pour lui. Vous pouvez ensuite aider votre enfant à se sentir mieux en lui permettant de réduire l'intensité de l'émotion ressentie, notamment au moyen de la visualisation. Demandez-lui de se rappeler ce qui s'est passé, comme s'il le regardait à la télévision. Puis proposez-lui de :

• Modifier l'image pour qu'elle soit en noir et blanc.

• Baisser le volume.
• Se rejouer la scène, mais avec une chanson drôle en arrière-plan.
• Transformer l'autre en animal et l'imaginer avec une voix étrange.

Comme la force de l'émotion négative risque de diminuer, il deviendra alors plus facile de trouver une solution.

## Servir d'exemple

La gestion de l'amitié est loin d'être simple pour les enfants. Mais si vous montrez que vous accordez de l'importance à vos amis et que vous êtes toujours prêt à chercher des solutions, votre enfant en tirera une leçon précieuse. Réfléchissez donc aux messages que vous envoyez en matière d'amitié.

## Vérifier la compréhension

Une fois que votre enfant aura lu ce livre, avec ou sans vous, discutez ensemble de ce qu'il en a retenu.

# Questionnaire sur l'amitié
## Amuse-toi à répondre aux questions!

Tes amis doivent aimer exactement les mêmes choses que toi. Vrai ou faux?

Parfois, nos amis nous rendent tristes. Mais si on en parle, tout le monde arrive généralement à se sentir mieux. Vrai ou faux?

On a presque toujours envie de voir un bon ami. Vrai ou faux?

Certains comportements risquent plus de déranger certains amis que d'autres. Vrai ou faux?

On a tendance à aimer différentes choses chez chacun de ses amis. Vrai ou faux?

Il faut avoir beaucoup d'amis. Vrai ou faux?

Il est vraiment important de ne jamais contrarier ses amis. Vrai ou faux?

Tu n'as pas à demander pardon si ce que tu as fait était un accident. Vrai ou faux?

Il y a beaucoup de choses qu'on peut dire à un ami pour qu'il se sente bien. Vrai ou faux?

En écoutant ce que tes bons amis disent de toi, tu peux en apprendre sur toi-même. Vrai ou faux?